Marta Laurenz

APRENDA EL
ABC DE LA COSTURA

imaginador

Marta Laurenz
    Aprenda el ABC de la costura. - 1a ed. - Buenos Aires :
Grupo Imaginador de Ediciones, 2009.
    64 p. ; 25x17 cm.

    ISBN 978-950-768-659-7

    1. Costura. I. Título
    CDD 646.4

Primera edición: marzo de 2009
Última reimpresión: mayo de 2009

ISBN: 978-950-768-659-7

Se ha hecho el depósito que establece la Ley 11.723
©GIDESA, 2009
Bartolomé Mitre 3749 - Ciudad Autónoma de Buenos Aires
República Argentina
Impreso en Argentina - Printed in Argentina

Se terminó de imprimir en Mundo Gráfico S.R.L., Zeballos 885, Avellaneda,
en mayo de 2009 con una tirada de 2.000 ejemplares.

SUMARIO

Tabla de correspondencias

Para quienes lo necesiten, a continuación hallarán la operación para convertir a pulgadas las medidas expresadas en centímetros.

Multiplicar la cantidad expresada en centímetros por 0,39 para obtener la correspondencia en pulgadas.

Capítulo 1

EL ABC DE LA
COSTURA

- ## El costurero básico

- ## Los puntos
  ## en la costura

- ## Algunas nociones
  ## sobre las telas

EL COSTURERO
BÁSICO

Los costureros se van completando con el correr del tiempo, pues ciertos accesorios se suman cuando debe realizarse una labor específica. Esto significa que por lo general uno comienza a realizar sus primeros trabajos de costura con un equipo básico de elementos. Veamos cuáles son.

• ALFILERES

Se utilizan para sujetar los moldes de papel a la tela y también para cerrar pinzas, unir dos piezas que luego se van a coser, etcétera.

Se consiguen los clásicos, con una pequeña cabeza de metal o aquellos que poseen una cabeza esférica, algo más grande, de colores.

La mejor forma de tenerlos siempre a mano es clavarlos en una almohadilla especial para alfileres, pues de este modo pueden tomarse con facilidad.

• CINTA MÉTRICA

Es una regla flexible, de tela, plástico o papel que se utiliza para tomar las medidas corporales necesarias para confeccionar una prenda o para tomar cualquier otro tipo de medida que sea necesaria.

Por lo general, de un lado está marcada en pulgadas y del otro, en centímetros.

• AGUJAS

Las agujas de costura, siempre metálicas, se presentan en una gran variedad de largos y grosores, pues cada una es la adecuada para un tipo de tela en particular. No es lo mismo coser sobre jean que sobre un género liviano, de modo que es la costurera la que decide cuál es la aguja que mejor permite desarrollar la labor.

Se pueden comprar por unidad pero también conseguir un kit que contenga un abanico de tipos distintos.

• ENHEBRADOR

Por lo general no se compran por separado, ya que están incluidos en los kits de agujas. Son pequeños accesorios metálicos que facilitan enormemente la tarea de enhebrar agujas. La forma de utilizarlo es la siguiente:

• Introducir el alambre del enhebrador en el ojo de la aguja.

• Pasar el hilo por el orificio formado por el alambre.

• Retirar cuidadosamente el alambre del ojo de la aguja.

• TIJERA

Si se van a realizar tareas de costura sencillas, que no implican la confección de una prenda, se puede recurrir a una tijera normal de buena calidad. Pero si la idea es confeccionar, entonces la recomendación es conseguir una tijera especial para cortar tela, de acero, pues facilita enormemente el trabajo. Estas tijeras tienen el mango en ángulo para que el deslizamiento por la superficie de la tela no haga que, con el tiempo, se resientan las manos. Por lo general, las costureras incluyen en su equipo esta tijera y otra común, pequeña, para cortar moldes, hilos, etcétera.

• HILOS

El hilo es uno de los elementos que va creciendo en cantidad y variedad a lo largo del tiempo, pero para comenzar conviene tener carreteles de los colores básicos: negro, gris, blanco, azul oscuro, marrón, rojo y beige.

Además, conviene tener hilos de algodón para realizar hilvanes –son más económicos y más fáciles de cortar y quitar de la tela– e hilos de mejor calidad, mercerizados, para las costuras definitivas, pues son mucho más resistentes.

• ABREOJALES

Es una pequeña herramienta con mango plástico y una punta doble, de metal, súper útil para abrir ojales en la tela y también para descoser prendas o retirar hilvanes. Si bien no es imprescindible ya que se lo puede reemplazar por una tijera pequeña y afilada, su uso acelera muchísimo la tarea.

• REGLAS

Se utilizan específicamente en la confección de prendas, cuando se necesita dibujar sobre la tela una recta larga o para trazar mangas, cuellos, etcétera.

Conviene tener una regla larga, de 1 metro, como las que se utilizan en los comercios de venta de géneros; y una pequeña para trazar líneas más cortas.

• TIZA DE SASTRE

Es una tiza de forma cuadrada o circular, imprescindible para pasar un molde a la tela o para marcar en una pieza la ubicación de los bolsillos, las pinzas o los botones. Tienen la particularidad de que la tela no queda manchada, pues las marcas se eliminan con facilidad.

LOS PUNTOS EN LA
COSTURA

Los puntos empleados en labores de costura son pocos y realmente, se trata de puntos muy fáciles. A continuación, todos los detalles de realización de cada uno de ellos.

• PESPUNTE

Es el punto clásico de la costura, el más utilizado cuando se cose a mano. Consiste en pinchar la aguja y volver a sacarla 2 ó 3 mm más adelante; luego, se vuelve a pinchar en el punto de partida y se vuelve a sacar 2 ó 3 mm más adelante; y así sucesivamente.

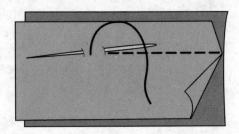

• PUNTO ATRÁS

Es muy similar al pespunte. Consiste en pinchar la aguja y volver a sacarla 2 ó 3 mm más adelante; luego, se vuelve a pinchar pero un poco más atrás del punto de partida y se vuelve a sacar 2 ó 3 mm más adelante; y así sucesivamente.

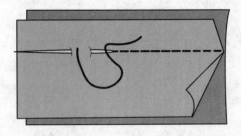

• HILVÁN

El hilván es el punto utilizado para unir piezas, definir dobladillos, etc., de forma provisoria, antes de su costura definitiva. Consiste en pasar la aguja hacia el revés y el derecho del género, varias veces. Cuando la aguja pincha hacia el revés, vuelve al derecho a 2 ó 3 mm; cuando se vuelve a introducir hacia el revés, la distancia es de 1 cm.

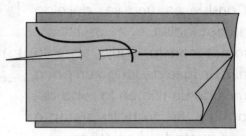

• BASTILLA

Este punto es ideal para realizar frunces en la tela y otras costuras de tipo decorativo. Es similar al hilván: consiste en pasar la aguja hacia el revés y el derecho del género, varias veces, pero con intervalos de 2 ó 3 mm, siempre iguales.

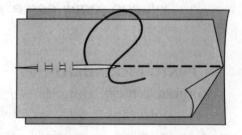

• SOBREHILADO

Es el punto ideal para evitar que los bordes de la tela se deshilachen. La aguja entra y sale en forma diagonal, abrazando la tela. Entre una puntada y otra no puede haber una distancia mayor a 5 mm.

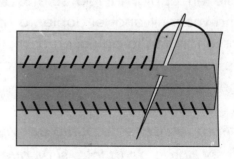

• PUNTO DOBLADILLO

Como su nombre lo indica, se utiliza para confeccionar todo tipo de dobladillos. Consiste en, una vez definido el dobladillo con un hilván, tomar con la aguja un solo hilo de la tela y luego un poco más de un hilo en la zona del doblez. Se trabaja siempre con puntadas pequeñas.

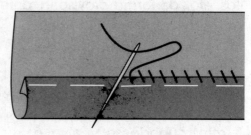

Para que un dobladillo resulte más fuerte conviene,
aproximadamente cada diez centímetros,
dar varias puntadas juntas en la zona del doblez,
y luego seguir con el punto normalmente.

• PUNTO ESCONDIDO

Cumple la misma función que el punto dobladillo, es decir, se lo utiliza para realizar dobladillos pero a diferencia del otro, en éste la puntada queda oculta. Consiste en doblar la tela sólo

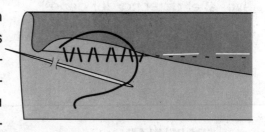

una vez e hilvanar el doblez, a unos 5 mm del borde; luego, ir tomando con la aguja, en diagonal, un hilo de la tela y un hilo de la zona del doblez, para lo cual se deberá levantar ligeramente éste.

Para realizar este punto conviene sobrehilar previamente
el borde de la tela, si es que pertenece a los géneros
que se deshilachan.

• PUNTO ESCAPULARIO

Se lo utiliza cuando hay que coser un dobladillo en una prenda confeccionada con una tela gruesa. En estos casos, el dobladillo no lleva doblez interno pues resultaría muy abultada. Consiste en realizar puntadas en diagonal, de modo que la hebra quede cruzada, formando X.

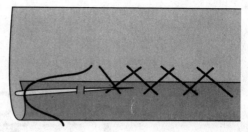

Al realizar este punto no es necesario sobrehilar el borde de la tela, ya que las mismas puntadas impiden que se deshilache.

ALGUNAS NOCIONES SOBRE
LAS TELAS

Más gruesas y pesadas o ligeras, rústicas o etéreas... el universo de las telas parece inagotable y existen mil posibilidades diferentes a la hora de elegir la tela para confeccionar una prenda.

De todos modos, existen una serie de principios básicos que se aplican a todas ellas, y que es muy importante conocer.

Dos nociones importantes: el hilo y el ancho de la tela

• EL HILO DE LA TELA

La tela es, básicamente, una trama de hilos que se entrecruzan en forma vertical y horizontal.

El hilo de la tela es, precisamente, cada uno de los hilos verticales que conforman la trama. Los hilos verticales son aquellos que corren en forma paralela a los orillos de la tela, es decir, a los bordes de la tela cuando ésta se presenta en rollo.

Estos bordes son fácilmente visibles pues tienen una terminación de fábrica especial.

Se trata de un concepto importante porque, por ejemplo, al ubicar los moldes de las diferentes partes de una prenda en el corte de tela, se lo debe hacer orientándolos en el sentido del hilo, es decir, en forma paralela al orillo.

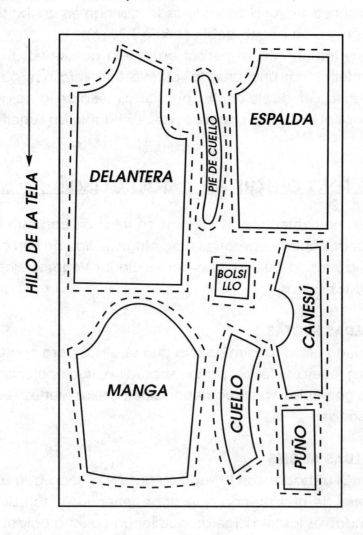

Cuando en un molde aparece la indicación "A CONTRAHILO" significa exactamente lo contrario de lo que acabamos de explicar, es decir, el molde debe ubicarse en forma perpendicular al sentido del hilo de la tela.

• EL ANCHO DE LA TELA

Se trata de otro concepto importante en confección. Las telas se venden en diversos anchos que, por lo general, están estandarizados.

La inmensa mayoría de las telas se fabrican en ancho simple (80 ó 90 cm), o en ancho doble (1,60 ó 1,80 m).

Es muy importante, al pensar en la tela que se va a utilizar para confeccionar una prenda, cuánta tela será necesaria. Si ésta se fabrica en doble ancho, por cada metro de largo de tela recibiremos el doble de ancho, es decir, el doble de superficie.

¿Qué tela elegir en cada caso?

Si bien no existen reglas estrictas en relación con este tema, hay algunas pautas necesarias para elegir un tipo de tela en función de la prenda que se va a confeccionar. Veamos ejemplos en prendas básicas.

• FALDAS RECTAS

Se puede utilizar denim (la tela que se utiliza para confeccionar jeans), cuero sintético, paño, gabardina, terciopelo, bouclé. En líneas generales, son recomendables las telas fuertes, resistentes y pesadas.

• FALDAS AL BIES

Las más utilizadas son la seda, la gasa y la seda gamuzada. Por tratarse de una prenda que debe tener vuelo son siempre recomendables las telas ligeras, que tengan buena caída.

• BLUSAS

Aquí las posibilidades son muchas, ya que se elegirá la tela en función del uso que se le dará a la blusa. Algunas opciones son el algodón, el lino, la seda, la gasa, y el rayón (viscosa).

• PANTALONES

Gabardina, denim, cuero sintético. Si los pantalones son amplios, tipo pijama, se recomienda gasa, viscosa, seda o cualquier tela con buena caída.

¿Cómo lo arreglo?

Acortar mangas de camisa

Determinamos la medida a cortar y luego descosemos el puño con una tijera afilada y que tenga buena punta.

Cortamos con tijera la cantidad de manga determinada previamente, cuidando que los bordes queden parejos y que una manga no quede más larga que la otra.

Insertamos nuevamente el puño, tomando como referencia que el ojal debe coincidir con la carterita de la manga.

Sujetamos con alfileres y, a medida que lo hacemos, vamos definiendo las pinzas de entalle.

Hilvanamos todo a lo largo del puño sobre el lado derecho de la tela. Cosemos con punto atrás y finalizamos retirando los hilvanes.

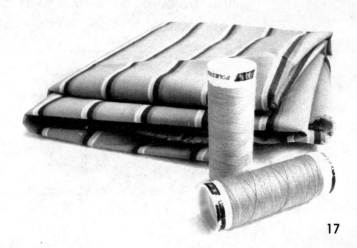

DETALLES Y
TERMINACIONES

Toda prenda necesita ciertos detalles de terminación. Hablamos de los ojales, los botones, las cremalleras y otros temas de la costura, que es importante aprender a realizar en forma prolija para obtener prendas de buena calidad.

Colocación de botones

Coser botones a mano es realmente muy fácil, y aparentemente cualquiera puede hacerlo. De todos modos, hay un par de consejos prácticos que nos pueden ayudar a que los botones duren más en su sitio.

 En aquellas prendas de uso cotidiano, en las que los botones deben ser resistentes, conviene utilizar botones de cuatro orificios. De este modo, se los puede pegar cosiendo en cruz.

B Para evitar la pérdida de un botón, en aquellos que son de cuatro orificios conviene utilizar hebras diferentes para coser los orificios de a dos, en forma diagonal. De este modo, de romperse una de las hebras la otra queda firme y permite solucionar el problema antes de perder el botón.

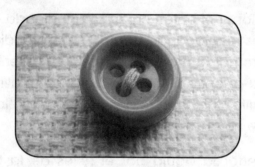

C Entre los botones y la tela siempre debe haber un espacio libre, mínimo. Esto permite introducir el botón en el ojal. Para realizarlo, debe colocarse un alfiler, un palillo delgado de madera o una aguja entre el botón y la tela y proceder a coser. Al terminar, retiramos el elemento que hemos colocado.

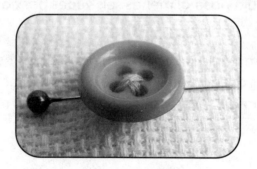

Y para quienes nunca han colocado un botón, aquí van las instrucciones, paso a paso:

1 Enhebrar una hebra en la aguja, de un hilo del mismo color –o lo más similar posible– de la tela. Colocarla de modo que quede doble, y anudar ambos extremos con dos o tres nudos.

2 Colocar el botón en el lugar indicado –si estamos recolocando un botón desprendido buscaremos la marca de la costura anterior en la tela– y, entre él y la tela, colocar un alfiler o un palillo. Sujetar la tela y el botón con la mano que no está sosteniendo la aguja.

3 Insertar la aguja por el revés de la tela, de modo que salga por uno de los orificios del botón.

4 Volver a pinchar la aguja, esta vez del derecho de la tela, en el siguiente orificio (en diagonal, si es un botón de cuatro orificios).

5 Repetir el procedimiento de modo que la aguja pase al menos seis veces por cada orificio.

6 Rematar la costura haciendo dos o tres puntadas que tomen sólo la tela, ya no el botón, del lado del revés y cerrar con dos o tres nudos.

Realización de ojales

Si bien hacer ojales no es tan sencillo como coser botones, se trata de una técnica que, si se realiza con cuidado y paciencia, es más fácil de lo que parece a simple vista. Veamos de qué se trata.

• PREPARACIÓN DE LA TELA

Para que un ojal conserve la forma y resulte más resistente debe realizarse sobre tela doble, sobre todo si la tela con que se confeccionó la prenda es ligera. Esto significa que se trabaja con entretela, un tipo de género especialmente diseñado para cumplir esta función.

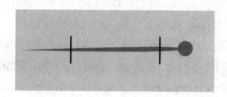

Entonces, en primer lugar, según la pieza de que se trate se superponen ambas telas y a continuación, se sujetan con alfileres, que se colocan en los lugares donde irán luego los ojales.

Es muy importante determinar con exactitud la posición de los ojales pues de colocarse erróneamente puede arruinarse toda la prenda.

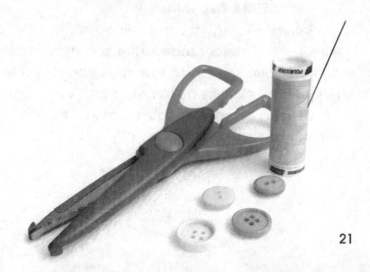

• HILVANES Y APERTURA DEL OJAL

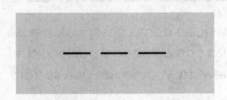

En el lugar donde se colocó el alfiler, realizar un hilván que tenga exactamente el largo del ojal a realizar.

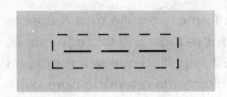

A continuación, hilvanar en forma rectangular, alrededor del hilván recién hecho. De este modo, evitamos que las telas se desplacen o se muevan mientras trabajamos.

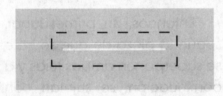

Cortar ambas telas a la vez, con ayuda de un abreojales o una tijera de punta, siguiendo la línea del primer hilván. Este paso es muy importante, pues si el corte va más allá del largo indicado por el hilván, luego el botón se deslizará y se saldrá del ojal.

Realizar un sobrehilado (ver la explicación del punto en la página 11) todo alrededor del corte recién hecho, para evitar que la tela se deshilache mientras se borda el ojal.

• COSTURA DEL OJAL

Enhebrar la aguja con el hilo seleccionado (por lo general, se utilizan hilos mercerizados, que son más resistentes) para tener hebra doble. Sujetar los extremos con dos o tres nudos y luego pinchar por el revés de la prenda, en el extremo del corte.

Volver a pinchar la aguja, como si se comenzara a hacer un sobrehilado.

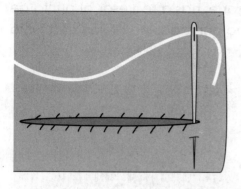
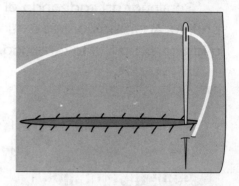

Antes de tirar de la hebra, insertar la aguja dentro de la laza-
da y ahora sí, tirar de la hebra.

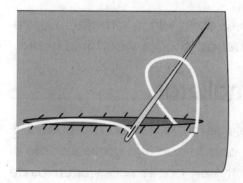
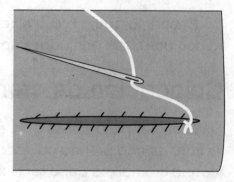

Pinchar nuevamente la aguja justo al lado de la puntada
recién hecha y repetir la operación.

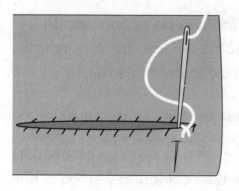
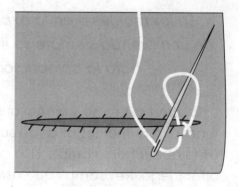

Continuar así, rodeando el corte, hasta regresar al punto de partida. Aquí, realizar tres o cuatro puntadas paralelas, una junto a la otra, para fijar lo realizado.

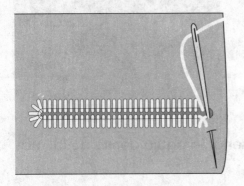 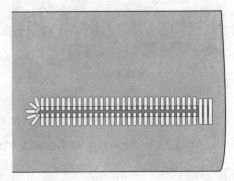

Pinchar la aguja hacia el revés de la tela, y rematar la costura con dos o tres puntadas pequeñas. Anudar y cortar la hebra.

Colocación de cremalleras

El primer paso consiste en elegir la cremallera adecuada. Si se trata de una prenda confeccionada con tela gruesa, como el jean, la cremallera debe ser resistente y por eso convienen las de dientes metálicos. Si, en cambio, se trata de una prenda confeccionada en tela ligera, la cremallera debe ser de dientes de plástico, lo más pequeños posible.

En los moldes o en la explicación de la confección de una prenda siempre se indica el largo de la apertura para la colocación de la cremallera.

La cremallera se coloca antes de colocar la cintura a una prenda. En primer lugar debe sujetársela a la pieza con alfileres, desde abajo hacia arriba. Si la cremallera es más larga se puede cortar luego. Revisamos que esté bien colocada y luego sí, con la cremallera abierta hilvanamos para coser a continuación.

Capítulo 2

COMENZAMOS
A TRABAJAR

- **Tallas, medidas y otras nociones**

- **Falda recta**

- **Camisa clásica**

- **Sacón con capucha**

- **Pantalón recto**

TALLAS, MEDIDAS
Y OTRAS NOCIONES

¿Cómo tomar las medidas?

Debido a que ningún cuerpo es idéntico al otro, es probable que las medidas expresadas en la tabla estándar de talles que presentamos en las páginas siguientes no se ajusten exactamente a las nuestras.

Para trabajar con más precisión, conviene, entonces, que antes de realizar el molde de la prenda que hemos seleccionado para confeccionar, tomemos nuestras propias medidas y las comparemos con las de la tabla para identificar nuestro talle.

En el gráfico de la página siguiente vemos la forma y dirección correctas para la toma de medidas.

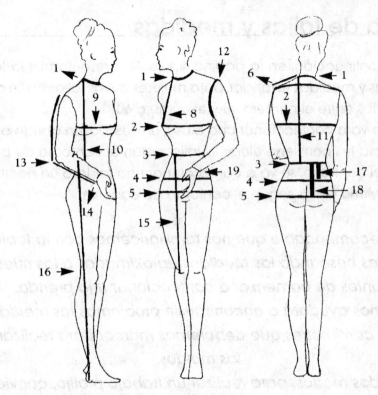

1. Contorno de cuello: se mide en la base del cuello.

2. Contorno de busto: se mide sobre el punto más saliente del pecho.

3. Contorno de cintura: ajustando sobre la cintura.

4. Contorno de 1ra. cadera: se mide a la altura de los huesos de la pelvis.

5. Contorno de 2da. cadera: la parte más saliente de la cadera.

6. Ancho de hombros: desde la base del cuello hasta el comienzo del brazo.

7. Ancho de espalda: desde el fin del hombro hasta el otro hombro, pasando por la curva de la espalda.

8. Altura de busto: desde el punto más alto del hombro hasta la punta del seno.

9. Separación de busto: es la distancia que hay entre las puntas de ambos senos.

10. Largo de talle delantero: desde el punto más alto del hombro pasando por la punta del seno hasta la cintura.

11. Largo talle espalda: desde el punto más alto del hombro hasta la cintura.

12. Contorno de sisa: desde el punto más bajo del hombro, bordeando el brazo.

13. Altura de codo: desde el comienzo del brazo (en el hombro) hasta el codo.

14. Largo de mangas: desde el comienzo del brazo hasta la muñeca.

15. Altura de rodilla: desde la cintura por el frente hasta la rodilla.

16. Largo de pantalón: desde la cintura por el costado hasta el tobillo.

17. Altura 1ra. cadera: se mide desde la cintura hasta el contorno de la 1ra. cadera.

18. Altura 2ra. cadera: se mide desde la cintura hasta el contorno de la 2ra. cadera.

19. Puño pegado: se mide el contorno del puño.

Tabla de tallas y medidas

A continuación, en la página siguiente, presentamos la tabla de tallas y medidas estándar, para mujeres cuyas tallas están comprendidas entre el número 40 y el número 60.

Si se va a confeccionar una blusa, un vestido, un abrigo o una chaqueta les conviene elegir la talla según el contorno de busto. Si, por el contrario, se va a confeccionar una falda o un pantalón, les conviene elegir según el contorno de caderas.

Es recomendable que nos familiaricemos con la tabla de tallas buscando las medidas aproximadas a las nuestras antes de comenzar a confeccionar una prenda. Esto nos ayudará a encontrar sin problemas las medidas en centímetros que deberemos marcar para realizar los moldes. De todos modos, para realizar un trabajo prolijo, conviene controlar previamente al trazado de los moldes que todas las medidas de la talla correspondiente a la nuestra incluidas en la tabla se ajusten y no haya diferencias. En este sentido, suele ser conveniente tomar el centímetro, lápiz y papel, y tomar nuestras medidas para definir nuestro propio talle personal. La tabla está expresada en centímetros. Para quienes lo necesiten, en la página 4 de este libro figura la fórmula a aplicar para convertir cada medida en pulgadas.

TALLE	40	42	44	46	48	50	52	54	56	58	60
Contorno de cuello	36	38	40	42	44	46	48	50	52	54	56
Ancho de hombros	11,5	12	12,5	13	13,5	14	14,5	15	15,5	16,25	17
Ancho de espalda	37	38	39	40	41	42	43	44	45	46,25	47
Contorno de busto	88	92	96	100	104	108	113	118	123	128	133
Altura de busto	25	26	27	28	29	30	31	32	33	34	35
Separación de busto	17,5	18	18,5	19	19,5	20	20,5	21	21,5	22	22,5
Talle delantero	43	44	45	46	47	48	49	50	51	52	53
Talle espalda	41	42	43	44	45	46	47	48	49	50	51
Contorno de sisa	39	42	45	48	51	54	57	60	63	66	69
Altura de codo	32	33	33	33,5	34	34	34,5	34,5	35	35,5	35,5
Largo de manga	50	60	60	61	62	62	63	63	64	65	65
Puño pegado	19	20	22	23	24	25	26	27	28	29,5	31
Contorno de cintura	62	66	70	74	78	82	87	92	97	102	107
Altura 1ra. cadera	11,5	12	12,5	13	13,5	14	14,75	15,5	16,25	17	17,75
Contorno 1ra. cadera	84	88	92	96	100	104	109	114	119	124	129
Altura 2da. cadera	19,5	20	20,5	21	21,5	22	22,75	23,5	24,25	25	25,75
Contorno 2da. cadera	92	96	100	104	108	112	117	122	127	132	137
Altura rodilla	59,5	60	60	60,5	61	61	61,5	61,5	62	62,5	62,5
Largo pantalón	101	103	103	104	105	105	106	106	107	108	108

¿Cómo trazar los moldes en la tela?

Para trazar un molde o varios sobre la tela, ésta se doblará previamente por la mitad enfrentando derecho con derecho. Esto significa que el lado revés de la tela quedará hacia fuera.

Una vez que la tela esté doblada se la sujetará con alfileres para evitar que se desplace y, sobre ella, se colocarán los diversos moldes.

Con una tiza trazamos en la tela el contorno de cada molde, poniendo especial atención en dejar un margen de costura adecuado.

Para dobladillos, el margen de costura adecuado es de 5 cm. En cambio, para costados, cuello y mangas, el margen es de 1 cm.

Recordemos que los moldes deben ubicarse sobre la tela en el sentido del hilo de la misma.

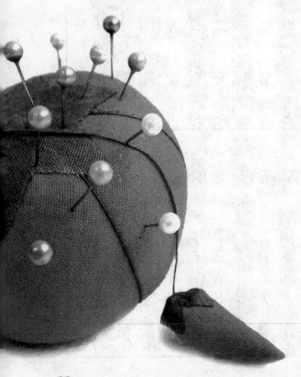

FALDA
RECTA

Una prenda básica en cualquier guardarropas, ideal tanto para el día como para la noche, según la tela con la que se la confeccione.

Las explicaciones que se brindan a continuación corresponden a un talle 48, considerado promedio. Si nuestro talle no es ése, buscaremos en la tabla de tallas aquélla cuyas medidas coincidan con las nuestras y seguiremos las instrucciones que se dan a continuación.

Encontrarán, también, la explicación del molde adecuado para talle 50, ya que a partir de este talle la prenda sufre una modificación en la confección de la cintura.

Trazado del molde delantero

En el papel madera dibujamos un rectángulo ABCD con las siguientes medidas (siempre para talle 48): 1/4 de contorno de cadera + 0,5 cm por el largo de falda deseado.

De A hacia C bajamos 1,5 cm formando el punto 1.

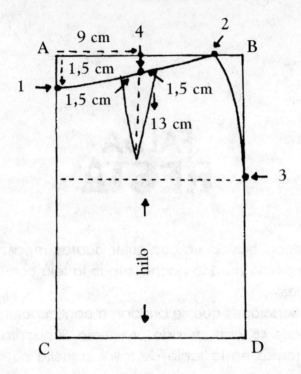

Ahora formaremos la cintura, cuya medida surge del siguiente cálculo:

1/4 de contorno de cintura + 0,5 cm + 3 cm.

Trazamos la medida resultante desde el punto 1 hacia B, en forma curva, formando de esta manera el punto 2.

De B hacia D trazamos la altura de 2da. cadera, de manera horizontal. De esta forma queda configurado el punto 3 (a medida que vamos trabajando podemos controlar cada medida con las que se indican en la tabla de talles).

Unimos con una curva suave los puntos 2 y 3 formando el costado de la falda.

Desde A medimos 9 cm hacia D formando el punto 4. Con una escuadra escuadramos en dicho punto y trazamos una línea perpendicular de 13 cm.

Trasladamos el punto 4 sobre la línea de cintura y trazamos (a 1,5 cm en ambos lados) otros dos puntos que se unirán en forma de pinza en el punto 4.

Al hacer esto, habremos terminado con la parte delantera de la prenda.

Trazado del molde trasero

Dibujamos otro rectángulo ABCD cuyas medidas serán: 1/4 de contorno de cadera – (menos) 0,5 cm por el mismo largo que le dimos al molde delantero.

De A hacia C bajamos 1 cm y en ese punto entramos, hacia B, otro centímetro. Formamos el punto 1.

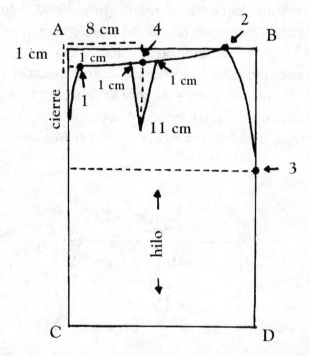

Desde el punto 1 marcamos la cintura hacia B en forma curva, cuya medida para el trasero es de 1/4 de contorno de cintura - (menos) 0,5 cm + 2 cm. Queda formado así el punto 2.

De B hacia D marcamos la altura de la 2da. cadera y trazamos una línea horizontal (punto 3) que llegue hasta la recta formada por A y C. Ahora unimos, con curva suave, el punto 2 con el punto 3, formando el costado. El punto 1 se une a la altura de la 2da. cadera, donde se ubicará el cierre o cremallera.

Desde el punto 1 medimos 8 cm hacia el punto 2 formando el punto 4 y escuadramos como lo hicimos en el molde delantero para formar la pinza. Le damos 1 cm a cada lado del punto 4 con un largo de pinza de 11 cm.

Trazado de molde delantero para talle 50

A partir del talle 50 el molde modifica la forma de la cintura, ya que al ser talles más grandes se presupone que existe mayor abdomen, que se disimula realizando la siguiente modificación:

Dibujamos nuevamente el rectángulo ABCD para hacer el molde delantero. Trazamos una línea paralela al lado AB a 1 cm de distancia, fuera del rectángulo, llamando a esa línea A' B'. Vamos a marcar la cintura tomando como medida 1/4 de contorno de la misma + 0,5 cm + 3 cm y la marcaremos de A' hacia B' con una suave curva. Luego continuamos con los pasos anteriormente explicados, alargando la pinza a 14,5 cm.

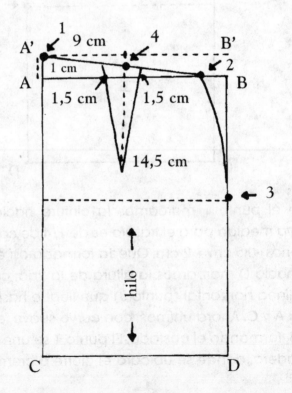

Trazado de molde trasero para talle 50

La diferencia consiste en que la paralela A' B' está a 0,5 cm fuera del rectángulo lado AB. Luego sigue igual que la delantera. Modificamos la pinza a 12,5 cm de largo.

En el gráfico podemos apreciar cómo el molde sube la cintura con respecto al gráfico del molde talle 48.

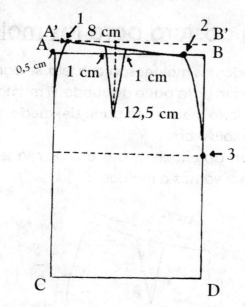

Trazado del molde de cintura

El molde de cintura es un rectángulo de 6 cm de ancho por el contorno de la cintura + 3 cm, que sumaremos para el cruce o abotonadura tomando en cuenta que el rectángulo se dobla por la mitad (por las líneas punteadas) quedando un ancho de 4 cm.

contorno de cintura + 3 cm

ancho: 8 cm

Forro de la falda

Para el molde del forro utilizaremos los mismos moldes que para la falda.

Una vez confeccionados los moldes, los cortamos cerrando anteriormente las pinzas para su corte. Cerramos las pinzas hacia los costados de la prenda, es decir, hacia afuera.

Margen de costura para los moldes

Una vez ubicados los moldes sobre la tela, se agrandan todos sus lados 1 cm y 5 cm en la parte del ruedo. El mismo margen (de 1 cm) se le da al forro, pero en la parte del ruedo, en lugar de 5 cm se agregarán sólo 3 cm.

A continuación aprenderemos a calcular la tela necesaria para la prenda que vamos a realizar.

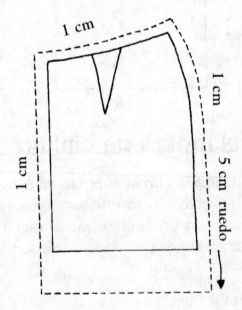

Cálculo de cantidad de tela necesaria

Si la tela es de 1,50 m de ancho usaremos un largo de falda + 10 cm.

Si la tela, en cambio, es de 0,90 m de ancho usaremos dos largos + 20 cm.

Si la tela es de 1,50 m de ancho, la doblaremos enfrentando derecho con derecho y haciendo coincidir orillo con orillo, quedando el revés hacia afuera. Sostenemos la tela con alfileres y ubicamos los moldes. Con la tiza los marcamos dejando los márgenes de costura marcando a su vez los piquetes.

Los piquetes son pequeños cortes en el borde de la tela, a partir de los cuales se sigue una línea imaginaria para identificar las pinzas, el dobladillo, el cierre o algún otro detalle de la prenda.

Ubicación y corte de los moldes

Así ubicaremos los moldes en la tela, según el ancho de ésta.

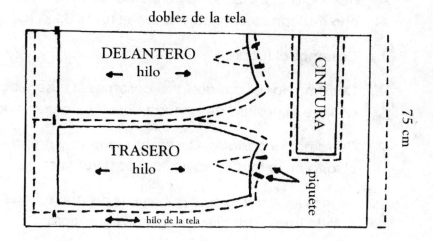

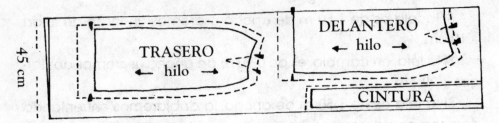

doblez de la tela

TRASERO
← hilo →

DELANTERO
← hilo →

45 cm

CINTURA

Confección general de la prenda

① Cosemos la falda de género y el forro por separado, y luego surfilamos los costados laterales y el ruedo.

② Cosemos las 4 pinzas enfrentando los piquetes hasta el final de la pinza formando un triángulo y las planchamos hacia los medios.

③ Unimos el centro trasero dejando una abertura de 20 cm para el cierre o cremallera. Pegamos el cierre o cremallera.

④ Cerramos las costuras laterales teniendo en cuenta que para coserlas se las enfrenta derecho con derecho realizando el trabajo sobre el revés de la tela.

⑤ Cosemos el ruedo.

⑥ Cerramos las pinzas del forro, cosemos el trasero dejando libre la costura de la parte del cierre o cremallera.

⑦ Cerramos el costado. Cosemos el ruedo y prendemos el forro en la falda encarando los derechos.

⑧ Unimos los lados superiores con un pespunte, volvemos el forro hacia adentro y pegamos la cintura.

CAMISA
CLÁSICA

Otra prenda infaltable: una camisa clásica de mangas largas, con bolsillos, que puede confeccionarse en diversos tipos de género y utilizarse en muy diversas ocasiones.

En primer lugar aparecen las explicaciones para el trazado de dos moldes básicos, trasero y delantero, que sirven, con ligeras modificaciones, para realizar luego un abrigo. Después de éstos figuran las explicaciones para el trazado del molde trasero y el delantero de la camisa que vamos a confeccionar.

Trazado del molde básico delantero

Dibujamos en papel madera un rectángulo ABCD cuyas medidas serán: 1/2 ancho de espalda x el largo de talle delantero.

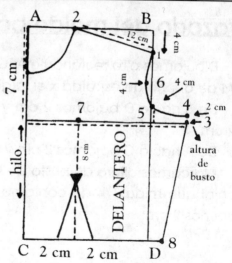

De B hacia D bajamos 4 cm formando el punto 1.

En dicho punto apoyamos la regla y marcamos hacia la línea A 12 cm para formar el punto 2.

De A hacia C bajamos 7 cm y unimos de manera curva con el punto 2 para formar el cuello.

Tomamos la medida de altura de busto, marcamos dicha medida de A hacia C y trazamos una línea horizontal cuya longitud sea de 1/4 de contorno de busto + 0,5 cm. Esta línea saldrá fuera del rectángulo y formará el punto 3, desde el cual se subirán 2 cm para definir el punto 4.

Sobre la línea BD subimos 4 cm a la altura del busto y marcamos el punto 5. En el punto medio de la distancia entre el punto 1 y 5 entramos 1 cm de la línea para formar el punto 6. Unimos suavemente con línea curva los puntos 1, 6, 5 y 4 formando la sisa.

De la línea AC sobre la altura de busto, marcamos la separación de busto (mitad de la medida) formando el punto 7. Desde este punto trazamos una perpendicular hasta la cintura y le damos a ambos lados de la línea 2 cm sobre la línea de cintura. Del punto 7 (sobre la perpendicular) medimos 8 cm y unimos ese punto con los marcados en la cintura para formar una pinza.

De C hacia D marcamos 1/4 de contorno de cintura + 0,5 cm +. 4 cm formando el punto 8, que se unirá con una bisectriz al punto 3.

Trazado del molde básico trasero

Dibujamos otro rectángulo ABCD con las siguientes medidas: 1/4 de ancho de espalda x el largo de talle de espalda.

De B hacia D bajamos 2 cm y unimos hacia la línea A a los 12 cm.

De A hacia C bajamos 2 cm y formamos el cuello.

Marcamos altura de busto de A hacia C y trazamos una horizontal que mida 1/4 de contorno de busto – (menos) 0,5 cm y subimos 2 cm.

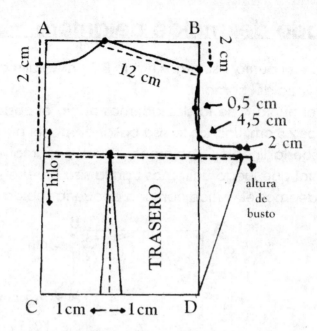

Sobre la línea BD y en la altura de busto subimos 4,5 cm y desde ese punto tomamos la medida existente hasta el hombro y en la mitad entramos 0,5 cm. Luego, unimos todos los puntos formando la sisa.

Sobre la altura de busto, marcamos la punta del seno con un punto, y desde allí trazamos una perpendicular que llegue hasta la cintura.

En la cintura marcamos 1 cm de cada lado de la perpendicular que se unirá al punto correspondiente a la punta del seno formando una pinza.

Unimos el punto D con la saliente de altura de busto, con una bisectriz.

Una vez hechas estas bases con la talla adecuada, haremos la modificación correspondiente para el molde de la camisa pero sin cortar el molde base.

Trazado del molde delantero

Sobre el punto 1 subimos hacia B 1 cm y salimos 2 cm por la misma línea del hombro.

En el punto 4 de la sisa abrimos hacia el costado 3,5 cm y bajamos 2,5 cm. Unimos la sisa pasando por el punto 4.

Desde la línea DC bajamos 20 cm y marcamos una recta horizontal que luego uniremos con la sisa en otra recta vertical. Redondeamos el vértice con una pequeña subida de 2 cm.

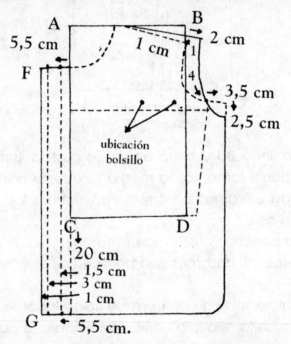

A continuación haremos la cartera de cruce (la vista donde van los botones y ojales) saliendo del cuello y del largo de camisa unos 5,5 cm. Unimos con línea recta formando F G.

A 1 cm de G marcamos un piquete, otro a 3 cm del primero y uno más a 1,5 cm del segundo. Trasladamos con una recta de línea punteada (como indica el gráfico) los piquetes hacia F.

Sobre la altura de busto, marcamos los piquetes para la ubicación del bolsillo, que quedará colocado a 2 cm hacia arriba.

Tomando como referencia la sisa, el bolsillo estará más cerca de ella que de la costura de cruce.

Trazado del molde de cuello

Con el papel con doblez dibujamos un rectángulo tomando como medida 1/2 contorno de cuello por 5,5 cm.

De B salimos 1 cm y formamos el punto B' y lo unimos a D.

De B' subimos 2 cm continuando la línea que viene de D y la unimos al rectángulo dándole forma curva.

Ahora marcamos el hombro de C hacia D, tomando la medida de mitad de espalda dividida por dos (cuarto de espalda) hacia el hombro.

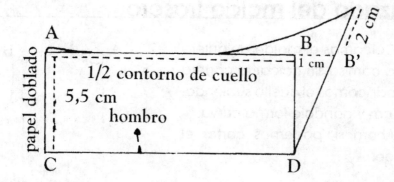

Trazado del molde base del cuello

Dibujamos otro rectángulo cuya medida sea 1/2 contorno de cuello + 1,5 cm x 3,5 de ancho. Usamos siempre el papel con doblez. Lo único que marcamos con piquete es el hombro de C hacia D. Subimos 0,5 cm en B y redondeamos la punta.

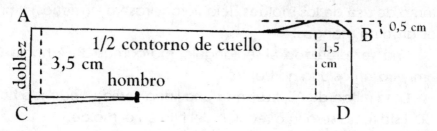

Trazado del molde de bolsillos

Los bolsillos se dibujan dentro de un cuadrado de 12 cm x 12 cm. Dibujamos la forma de bolsillo que más nos agrade. En el gráfico vemos tres opciones posibles.

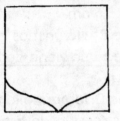 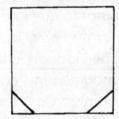 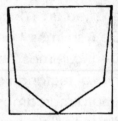

Trazado del molde trasero

Calçamos el molde delantero de la camisa sin calcar la cartera y modificamos el cuello subiéndolo 5 cm y dándole forma curva.

Ahora sí, podemos cortar el molde.

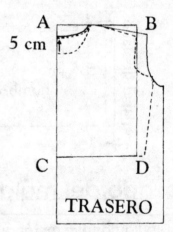

Trazado del molde de la manga

Hacemos un rectángulo ABCD tomando la medida del contorno de sisa de los moldes delantero y trasero – (menos) 2 cm x el largo de mangas.

Una vez dibujado el rectángulo, marcamos de A hacia C 5 cm y trazamos una horizontal.

En la mitad de AB, trazamos una línea vertical llegando hasta CD. Esta recta será la dirección del hilo en el molde.

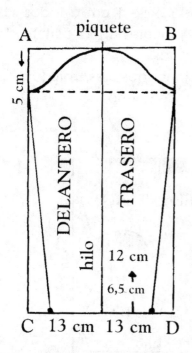

En CD, a ambos lados del hilo, marcamos 13 cm y unimos con regla hasta la primera línea horizontal en cada lado.

Unimos en forma curva la copa de manga (como indica el gráfico) marcando un piquete en el centro.

Del hilo de la manga hacia D marcamos a unos 6,5 cm una recta hacia AB de 12 cm, que es la abertura para la colocación del puño.

El puño es un rectángulo de 25 cm x 6 cm de ancho.

Cálculo de cantidad de tela necesaria

Si la tela es de 1,50 m de ancho, necesitamos un largo de camisa + un largo de manga.

En cambio, si la tela es de 0,90 m usaremos dos largos de camisa + un largo de manga.

Ubicación y corte de los moldes

Utilizando el doblez de la tela, apoyamos el molde trasero y enfrentado a éste ubicamos el delantero, siempre respetando la dirección del hilo.

Ubicamos las mangas dejando espacio para el cuello, pie de cuello y puño, que se ubicará en el molde dos veces, ya que el puño de la manga es doble.

Por lo tanto, necesitamos 4 puños.

Marcamos en la tela con tiza la ubicación del bolsillo en el molde delantero.

Luego damos un margen de costura de 1 cm a todos sus lados y cortamos la tela, marcando piquetes en la cartera de cruce en el delantero y centro de mangas.

A continuación vemos las dos opciones posibles, para tela de 1,50 m de ancho y para tela de 90 cm de ancho.

orillo de la tela

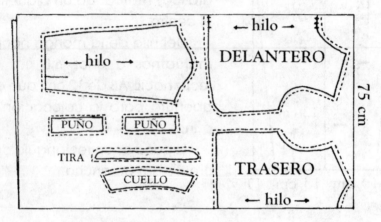

doblez de la tela

orillo de la tela

doblez de la tela

Confección general de la prenda

(1) Comenzamos surfilando todos los bordes excepto la unión del cuello. Deberemos tener presente que tanto el cuello como la tira o pie de cuello llevan entretela, o sea, otro pedazo de tela de las mismas dimensiones.

Podríamos utilizar fliselina, que se pega a la tela con el calor de la plancha (se pega a uno de sus lados y del revés de la tela). La fliselina tiene uno de sus lados con más brillo. Ése es el lado que debe quedar enfrentado con el revés de la tela.

(2) Una vez pegada, unimos el cuello, derecho con derecho, cosemos sus bordes y damos vuelta. Con ayuda del punzón formamos las puntas. Lo planchamos y unimos al pie de cuello o tira de la siguiente manera: apoyamos una de las partes de la tira sobre el cuello enfrentándose la tela derecho con derecho. Del otro lado del cuello repetimos la operación con la otra tira. De este modo queda el cuello en el medio y centrado con respecto a los costados. Cosemos todos los bordes menos la parte que se unirá a la camisa. Damos vuelta, planchamos y de este modo queda preparado para su posterior costura a la camisa.

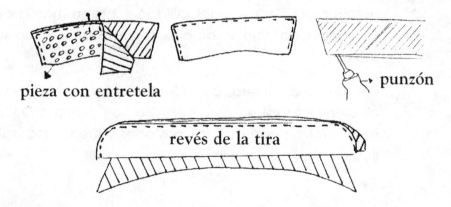

pieza con entretela

punzón

revés de la tira

3 Tomando los delanteros hacemos la cartera de cruce que se ubicará en el delantero derecho, donde irán los ojales. El sobrante de la tela del delantero izquierdo se dobla por dentro guiándonos por los piquetes. Una vez hilvanado, procedemos a coser.

Tengamos presente que si la tela es muy delgada llevará entretela (que será el largo de la cartera x 3 cm de ancho y se pegará a ésta internamente).

4 Para el delantero izquierdo la cartera puede ser interna o externa. En cambio, para el delantero derecho, la cartera siempre deberá ser interna. El procedimiento es el mismo: sólo varía en el sentido de que la cartera se dobla hacia adentro en lugar de doblarse hacia afuera.

Ejemplo de cartera interna
Doblamos la tela por el primer piquete, que está a 1 cm del centro de la camisa, hacia adentro. La planchamos y volvemos a doblar por el segundo piquete también hacia adentro. Cosemos. El tercer piquete que queda en el centro de la cartera señala la ubicación de ojales y botones.

5 Una vez hecha la cartera, pegamos el bolsillo previamente planchado y dobladillado sobre su marca de ubicación (la que habíamos hecho con tiza en el molde).

6 Unimos los delanteros con espalda ubicando los hombros enfrentados siempre derecho con derecho. De la misma forma cosemos los costados y luego dobladillamos.

7 Pegamos el cuello, alfileramos los bordes del mismo a la camisa ahora enfrentando derecho de cuello con revés interno de la camisa. Hilvanamos y damos vuelta hacia afuera repitiendo la operación del lado externo. Pasamos una costura del derecho de la tela por su contorno sujetando de este modo ambos lados.

8 Formamos la cartera de las mangas dobladillando la abertura. Cerramos los costados de las mangas para la colocación del puño, que puede o no llevar entretela.

9 Unimos derecho con derecho las piezas del puño, cosemos por sus tres lados, dejando libre el lado que debe unirse a la manga.

10 Damos vuelta y, con el punzón, formamos la redondez del puño e hilvanamos a la manga con pequeños frunces tomando en cuenta el cruce del puño. Cosemos como lo habíamos hecho en el cuello, con pespunte a máquina.

11 Ahora, trabajando del revés de la tela, unimos la parte central de la manga con la costura del hombro y de ese punto cosemos a su alrededor.

12 Sólo resta marcar los botones y ojales teniendo en cuenta que las prendas femeninas prenden de derecha a izquierda. Siempre uno de los botones debe caer a la altura del busto para que la prenda no se deforme en esa zona. A partir de ahí se distribuyen los ojales a distancias similares marcando el lugar de los botones para luego pegarlos.
Lo mismo hacemos en los puños. Terminamos la prenda con el planchado.

SACÓN
CON CAPUCHA

Utilizando los moldes básicos delantero y trasero que aprendimos a trazar en la prenda anterior, podemos realizar este practiquísimo y súper actual sacón con capucha.

Modificaciones a los moldes básicos

Tomaremos las bases que se utilizaron para hacer la camisa.

Extendemos un pliego de papel madera sobre la mesa. Sobre dicho pliego apoyamos los moldes base unidos por el hombro como indica el gráfico. Allí haremos las modificaciones necesarias para la transformación del sacón.

De la línea del hombro, subimos 2 cm y trazamos una línea desde el cuello hasta ese nuevo punto. Volvemos a acomodar el trasero sobre esa nueva línea.

De la sisa abrimos 5 cm y bajamos 5 cm marcando un punto imaginario (lo hacemos en ambas sisas). Del hombro trazamos una línea recta cuya longitud será el largo de manga. De la línea de manga, marcamos a ambos lados 18 cm trazando una oblicua hasta el punto de la sisa, cerrando la manga.

Desde el centro del cuello marcamos 3 cm hacia la delantera y trazamos una línea recta hasta la sisa. En el trasero marcamos otros 3 cm y unimos con sisa, igual que en la delantera.

De la línea de cintura, bajamos 40 cm por el centro delantero y trazamos una horizontal.

Escuadrando en la línea horizontal recién hecha, unimos la sisa con otra línea recta. Hacemos lo mismo en el trasero. En el cuello abrimos 1 cm en el trasero.

En el delantero, y desde el centro del cuello, trazamos una línea de 35 cm y una horizontal hacia el centro delantero. Entonces, del cuello trazamos una línea oblicua hasta el centro delantero formando el escote. Marcamos un piquete en el cuello sobre línea de hombro.

Marcamos altura de bolsillo a 10 cm de la cintura, ubicando el bolsillo cerca del costado de la prenda. El bolsillo será un rectángulo de 16 cm x 18 cm.

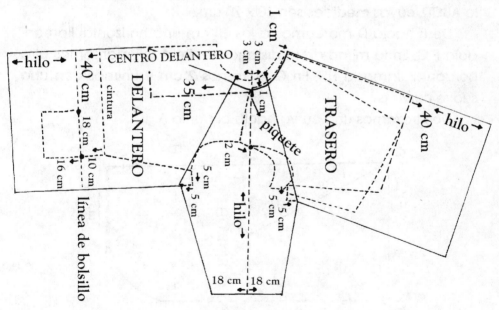

Ya tenemos el molde del sacón. Podemos cortar por la línea llena, separando delantera del trasero a la altura de las mangas, obteniendo de esta manera tres piezas.

51

Trazado del molde de la vista interna

Utilizando la pieza delantera, hacemos el molde de la vista.

Luego calcamos el centro delantero con el escote y trazamos a 5 cm una línea paralela. De esta manera queda formada la vista delantera.

Trazado del molde de la capucha

Para realizar el molde de la capucha, trazamos un rectángulo ABCD, cuyas medidas son 30 x 70 cm.

De B hacia D marcamos a los 35 cm una horizontal llamándola F G. En la mitad de la distancia entre A y F marcamos otra horizontal llamada H I. En G entramos 2 cm y unimos con una suave curva a I.

De I trazamos una curva hacia el punto A.

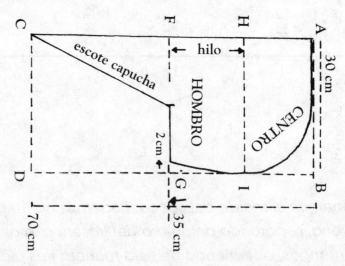

Tomamos la medida del hombro midiendo desde el centro trasero hasta el comienzo del hombro. Trasladamos esa distancia de G hacia F y marcamos con un piquete de marca.

Del piquete marcamos una línea recta hasta C. De esta manera formamos la capucha (cerrando A y C). Podemos cortar el molde por la línea llena (no punteada).

El forro se corta con el mismo patrón de la prenda en la capucha, trasero y mangas. En el delantero se resta al molde para el forro la pieza de la vista.

Cálculo de cantidad de tela necesaria

Si la tela es de 1,50 m de ancho, necesitaremos 2 largos + 20 cm. Para el forro sólo usaremos dos largos.

Si la tela es de 0,90 m de ancho, necesitaremos 4 largos y para el forro usaremos 3 largos.

Ubicación y corte de los moldes

Siempre utilizamos el doblez de la tela para ubicar la espalda, respetando el sentido del hilo que es paralelo a la orilla de la tela.

Una vez apoyados los moldes, les damos el margen de costura. Recordemos que en el dobladillo el margen es de 5 cm y en este caso, las mangas llevarán en su dobladillo 3 cm.

Marcamos con piquetes el centro de las mangas, la capucha en la altura del hombro y marcamos con tiza la altura de bolsillos.

Con la tela del forro procedemos de la misma manera variando los márgenes de costura en los dobladillos: 3 cm en delantera y trasera y 1,5 cm en mangas.

Las piezas que llevan forro son: delantero, trasero, mangas, capucha y bolsillos.

A continuación vemos las dos opciones posibles, para tela de 1,50 m de ancho y para tela de 90 cm de ancho.

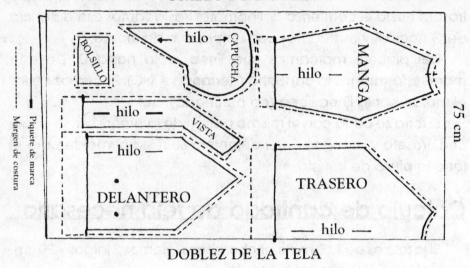

ORILLO DE LA TELA

BOLSILLO

← hilo → CAPUCHA

MANGA

— hilo —

— hilo —

VISTA

— hilo —

DELANTERO

TRASERO

— hilo —

75 cm

Piquete de marca
Margen de costura

DOBLEZ DE LA TELA

ORILLO DE LA TELA

BOLSILLO

MANGA

VISTA

CAPUCHA

DELANTERO

TRASERO

45 cm

DOBLEZ DE LA TELA

Confección general de la prenda

1 Cosemos el forro en el bolsillo y dobladillamos. Lo planchamos y lo cosemos en los delanteros guiándonos por la marca de ubicación y pasándole un pespunte a máquina.

2 Cerramos el centro de la capucha de tela enfrentando los derechos con un pespunte a máquina. Hacemos lo mismo con el forro de la capucha y lo unimos a la capucha de tela encarando el derecho de la tela con derecho del forro.

Pasamos un pespunte por su alrededor y giramos el forro hacia adentro. Volvemos a pasar el pespunte por afuera para lograr un efecto especial.

Una vez dado vuelta unimos el forro con el pespunte por el resto de sus lados para que quede todo el forro cosido a la capucha.

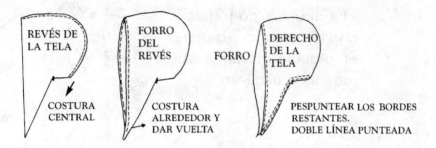

REVÉS DE LA TELA

COSTURA CENTRAL

FORRO DEL REVÉS

FORRO

COSTURA ALREDEDOR Y DAR VUELTA

DERECHO DE LA TELA

PESPUNTEAR LOS BORDES RESTANTES. DOBLE LÍNEA PUNTEADA

3 Unimos el trasero por las mangas encarando siempre los derechos y pasamos un pespunte. Repetimos la operación cosiendo las mangas a los delanteros. Abrimos las costuras con la plancha y cerramos el costado de la manga.

Una vez que tenemos la prenda armada, concluimos con el forro de la misma manera para colocarlo posteriormente.

4 Dobladillamos el escote hacia adentro en ambos delanteros (por la línea punteada). En un delantero apoyamos la vista encarando los derechos y pespunteamos hasta llegar al escote (por la línea punteada). Dobladillamos el resto de la vista hacia arriba. Damos vuelta la vista hacia aden-

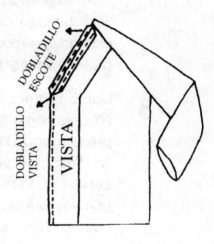

DOBLADILLO ESCOTE

DOBLADILLO VISTA

VISTA

tro. Planchamos las costuras para colocar la capucha con mayor prolijidad.

5 Unimos la capucha en el piquete de hombro con el piquete de manga. Alfileramos derecho de la capucha con derecho de manga y desde el piquete hilvanamos rodeando el cuello.

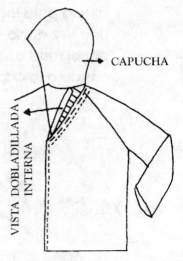

CAPUCHA

VISTA DOBLADILLADA INTERNA

6 La terminación del cuello se emprolija con el forro. A continuación unimos el escote de la capucha entrándolo 1 cm entre la vista y el escote delantero. Hilvanamos y pasamos un pespunte por el derecho del delantero hasta el hombro uniendo así capucha y vista.

7 Una vez cosidos derecho con derecho del forro y cuerpo con las mangas, unimos el sacón dando vuelta del revés la prenda.
El dobladillo del forro quedará suelto; por lo tanto dobladillaremos el sacón primero por la marca del piquete y luego dobladillaremos el forro.

8 Dobladillamos las mangas del saco por la marca del piquete con alfileres. Unimos el forro a la manga (siempre la manga del revés) y alfileramos forro al dobladillo. Pasamos un pespunte y damos vuelta el forro cubriendo la manga de tela (ver el gráfico).
Una vez forradas las mangas procederemos a forrar el cuerpo de la prenda.

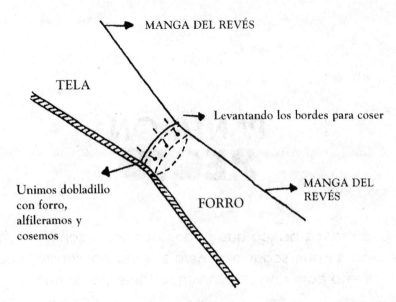

MANGA DEL REVÉS

TELA

Levantando los bordes para coser

MANGA DEL REVÉS

Unimos dobladillo
con forro,
alfileramos y
cosemos

FORRO

9 La prenda siempre queda del revés y el forro también.
Se unen pasando un pespunte alrededor de la prenda,
comenzando por el centro del cuello hacia los costados uniendo forro con vista. Se da vuelta la manga quedando del derecho. Así, queda terminada la prenda.
Si se desea, se puede hacer ojal y pegar botón, aplicar
una traba o alamar. Esto se hará cruzando las vistas.

¿Cómo lo arreglo?

Rotura de calcetines

Individualizamos la zona en la que se produjo la rotura. La
emprolijamos recortando los hilos sueltos y eliminando pelusas.
Con un color de hilo semejante al del calcetín, insertamos la aguja
por el extremo de uno de los bordes y la retiramos por el extremo
del borde opuesto.
Repetimos la operación a fin de ir cerrando la abertura, con pun-
tadas pequeñas y parejas.

PANTALÓN
RECTO

Otra prenda básica que podemos confeccionar sin grandes dificultades y que, según el género elegido, nos servirá tanto para el día como para una ocasión importante, por la noche.

Trazado del molde delantero

Formamos un rectángulo ABCD que tenga de ancho 1/4 de contorno de cadera x el largo total.

De A hacia C y de B hacia D se marca el largo de rodilla (F G) y altura de 2da. cadera (H I). De C hacia A y de D hacia B marcamos largo de entrepierna (J K). Trazamos las horizontales en estas medidas.

De A hacia B marcamos 2 cm y bajamos 2 cm (punto 1). Del punto 1 trazamos 1/4 de contorno de cintura + 2 cm hacia B (punto 2). Unimos el punto 1 con H mediante una línea recta y el punto 2, con I, trazando una suave curva que continúe en línea recta hasta D. De J medimos hacia afuera 5,5 cm siguiendo la horizontal (punto 3). En J marcamos una diagonal de 2,5 cm. Unimos el punto 3 con H pasando por la diagonal con una curva. Luego unimos el punto 3 con F y seguimos en línea recta hasta C. En la mitad del punto 1 y el punto 2 marcamos un punto y apoyamos la escuadra en la cintura trazando 10 cm y a cada lado del punto, 1 cm para formar la pinza. Tomamos la distancia de A hacia el punto central de la pinza y trasladamos la medida de C hacia D uniendo con una vertical que será el hilo del molde.

Sin cortar el molde, lo calcamos en otro papel madera o calco para transformar éste en el trasero.

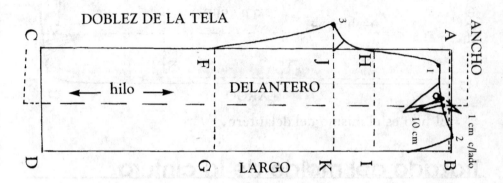

Trazado del molde trasero

Trazamos una línea paralela O P a 1 cm de A B fuera del rectángulo.

Del punto 2 se miden 3,5 cm siguiendo la horizontal B (punto 4). Del punto 4 se mide 1/4 de contorno de cintura + 2 cm hacia O (punto 5).

Salimos 1 cm fuera del rectángulo en I, K, G, D uniendo en línea recta de I hasta D y con suave curva de I hacia el punto 4.

De I tomamos la medida de 1/2 contorno de cadera y trazamos un punto que se unirá en línea recta al punto 5.

En J trazamos una diagonal de 1,5 cm y hacemos una marca.

En el punto 3 bajamos 0,5 cm y abrimos 2,5 cm (punto 6). Unimos este punto con H pasando por la diagonal y formando la curva de tiro.

Abrimos 1 cm en F y C. Unimos el punto 6 con suave curva a F y en forma recta seguimos hasta C.

En la mitad del punto 4 y punto 5 escuadramos 10 cm en cintura con 1 cm de cada lado de profundidad para formar la pinza trasera.

Cerramos las pinzas hacia los costados y cortamos los moldes trasero y delantero.

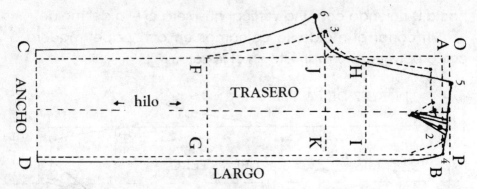

El hilo es el mismo del delantero.

Trazado del molde de la cintura

El molde de la cintura es un rectángulo de 5 cm de ancho x 1/2 contorno de cintura + 2 cm. Se usa el papel con doblez.

Trazado del molde de los bolsillos

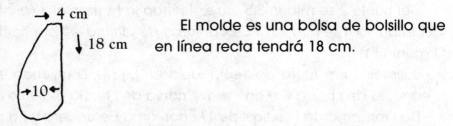

El molde es una bolsa de bolsillo que en línea recta tendrá 18 cm.

Cálculo de cantidad de tela necesaria

Si la tela es de 1,50 m de ancho, usaremos un largo de pantalón de 10 cm. En cambio, si la tela es de 0,90 m de ancho, llevará dos largos + 20 cm.

Ubicación y corte de los moldes

En el gráfico marcamos la pieza de cintura dos veces ya que es doble. Otra manera de marcarla consiste en hacer la tira de cintura x el contorno total + 4 cm y ubicarla en el doblez de la tela para que sea doble. La ubicación depende de la cantidad de tela que tengamos.

El bolsillo se puede ubicar en cualquier espacio libre de la tela. Marcamos los márgenes y contornos.

A continuación vemos las dos opciones posibles, para tela de 1,50 m de ancho y para tela de 90 cm de ancho.

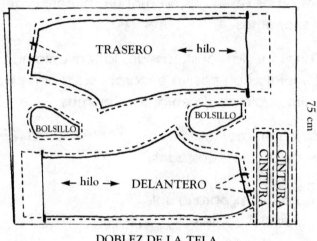

DOBLEZ DE LA TELA

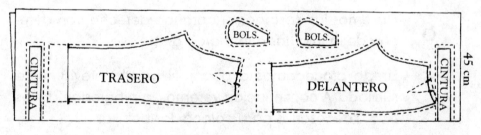

DOBLEZ DE LA TELA

Confección general de la prenda

1. Comenzamos pegando fliselina o entretela en una de las piezas de cintura.

Surfilamos los bordes de todas las piezas exceptuando el borde de la cintura y la cintura misma.

2 Cerramos las pinzas, derecho con derecho, y pasamos un pespunte por la marca del piquete. Planchamos la pinza hacia el medio de la pieza o molde.

3 Unimos con un pespunte el centro trasero encarando los derechos de la tela y planchamos las costuras abriéndolas.
Cerramos de la misma manera el centro delantero y planchamos.

4 Cerramos las costuras de la entrepierna uniendo delantero con trasero encarando los derechos desde el tiro hacia abajo en ambas piernas.

5 Marcamos con alfileres o hilván en los costados, desde la cintura hacia abajo 18 cm, para la ubicación del bolsillo.

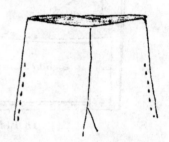

6 Cosemos los costados encarando derecho con derecho de la tela hasta la marca de bolsillo.

7 Luego procedemos a pegar el bolsillo previamente surfilado. A continuación veremos la progresión de los pasos necesarios para colocar los bolsillos.

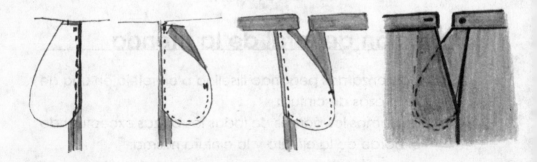

8 Prendemos con alfileres los fondos de bolsillo a la abertura. Encarando los derechos, pasamos pespunte por las líneas de costura marcadas hasta el borde de cintura.

Planchamos los fondos de bolsillo sobre la pieza delantera y unimos con un pespunte, dejando abierta la ranura del borde interior del fondo del bolsillo izquierdo.

Hilvanamos los bordes del bolsillo al borde de la cintura. Cosemos la cintura encarando los derechos y pespunteamos sin cerrar los costados.

9 Sin dar vuelta, pegamos la cintura al pantalón fijando el cruce en el fondo del bolsillo izquierdo. Siempre cosiendo derecho de la tela con derecho, cerramos los extremos de la cintura en la costura de aplicación haciendo un remetido.

10 Hacemos un ojal en el extremo delantero y pegamos el botón en el otro extremo.

Planchamos la prenda que de esta manera queda terminada.

¿Cómo lo arreglo?

Rotura en la tela de una camisa

Quitamos los hilos sueltos que quedaron en los bordes de la rotura. Unimos los bordes y cosemos con puntadas pequeñas y parejas, tomando ambos bordes a la vez.

Realizamos la costura del lado del revés de la tela y con un hilo de igual color al de la prenda. Utilizamos una aguja fina para que no se noten las marcas de las puntadas en la tela.

Damos vuelta la prenda y planchamos para que las puntadas queden aún más parejas y se unan a la trama.